KB062761

마술을 하면서 배운 101가지

마술을 하면서 배운 101가지

초판 1쇄 펴낸날 2022년 12월 5일

지은이 최현우
그린이 리페
펴낸이 이건복
펴낸곳 도서출판 동녘

책임편집 정경윤
편집 구형민 김다정 김혜윤 홍주은
마케팅 임세현
관리 서숙희 이주원

등록 제311−1980−01호 1980년 3월 25일
주소 (10881) 경기도 파주시 회동길 77−26
전화 영업 031−955−3000 편집 031−955−3005 전송 031−955−3009
블로그 www.dongnyok.com **전자우편** editor@dongnyok.com
페이스북 · 인스타그램 @dongnyokpub
인쇄 · 제본 영신사 **라미네이팅** 북웨어 **종이** 한서지업사

ⓒ 최현우, 2022

ISBN 978−89−7297−061−3 00680

Inspired by 101 Things I Learned in Architecture School by Matthew Frederick.
Not a part of the 101 Things I Learned series.

마술을 하면서 배운 101가지

최현우 지음, 리페 그림

동녘

책을 펴내며

동녘 출판사에서 오랫동안 시리즈로 출간된 '101가지' 책들을 너무 좋아했습니다. 분야는 다르지만, 어느 정도 정점에 이른 분들이 쓴 그 책들은 분야를 '마술'로 대체해도 같은 감정을 느낄 수 있었습니다. 고충, 노하우, 마음가짐 등에 관한 모든 이야기들은 마술사들에게도 적용될 수 있기 때문입니다. 이 책 역시 꼭 마술사가 아니더라도 다른 분야의 직업인들과 지망생들에게 그대로 활용될 수 있다고 믿습니다. 다른 분야에 대한 관심은 결국 자신이 몸담은 분야에서도 한 단계 성장할 수 있게 만든다고 생각합니다.

마술을 직업으로 삼은 이들이 이 책을 읽기 전에 당부하고 싶은 점은, 제 말을 모두 믿지 말라는 것입니다. 예술은 앞선 선배의 것을 깨부술 때, 가장 큰 업적을 이룰 수 있습니다. 이 길을 먼저 험난하게 걸어온 사람의 지나가는 조언 정도라 생각해준다면, 더 의미가 있을 것 같습니다.

감사의 말

제 인생에 가장 최고의 마법인 Y. A. Q에게 이 책을 바칩니다.

마술이 무엇인지 말하지 못하는 마술사도 많다.

많은 아마추어 혹은 프로 마술사들에게 마술의 사전적 정의를 물어보면 상당수는 정확히 답하지 못한다. 자신이 하는 일에 대해서 정의 내리지 못한다는 것은, 자신이 무엇을 하고 있는지 모른다는 뜻이다.

마술의 사전적 정의는 다음과 같다. "불가능한 일이나 초자연적인 현상을 트릭으로 하여금 가능케 보여주는 것." 마술사의 정의는 당연히 "그러한 일을 하는 사람"이다. 모든 답은 이 안에 있다.

마술의 장르

클로스업 매직 close-up magic 소규모 인원 앞에서 카드나 동전 등 작은 소품을 가지고 가까운 거리에서 보여주는 마술
팔러 매직 parlour magic 주택의 응접실이라는 '팔러'의 의미처럼 사람들과 소통하며 진행하는 마술
일루전 illusion '환상'이라는 의미처럼 실현 불가능한 마술을 무대에 보여주는 형태. 신체절단, 공중부양 등이 해당된다.
멘탈 매직 mental magic 사람들의 심리를 알아맞히거나 예언, 투시, 염동력, 텔레파시 등의 현상을 보여주는 마술
매니플레이션 manipulation 현란한 손기술을 통해 보여주는 마술
그랜드 일루전 grand illusion 자동차, 비행기 등 대체로 큰 형태의 대상이 나타나거나 없어지는 현상을 보여주는 마술

장르를 구분하지 마라. 원래 마술은 하나였다.

1800년대 이후 현대 마술사들은 '클로스업', '살롱', '일루전' 등의 마술을 애써 구분 짓지 않았다. 해리 후디니 Harry Houdini (1874~1926)는 탈출 마술의 대가로 잘 알려져 있지만, 카드 마술의 마스터이기도 했다. 1900년대 초 마술의 황금기를 거치면서 마술 컨벤션, 매직 숍 등이 생겨났고, 아마추어 마술사들이 나타나면서 분야가 구분되기 시작했다. 프로 마술사는 다양한 장르의 마술을 공부하고 융합하는 자세가 필요하다. 그것이 마술의 시작점이다. 원래 마술은 하나다.

마술은 마법에서 출발했다.

고대의 마술은 신관이 사람들에게 신탁을 보여주는 것으로 시작했다. 신탁의 신빙성을 더하기 위해 얹어지는 것들이 마술의 기법들이었다. 그리고 신탁이 실현될 확률을 높이기 위해 멘탈 매직에서 행해지는 방법들이 동원되었다. 인류의 역사에서 극장식 현대 마술의 형태가 등장한 것은 비교적 최근의 일이다. 이를 통해 마술의 본질을 생각해보는 것이 좋다.

매직, 트릭, 속임수

서양에서는 마법과 마술이 크게 구분되지 않는다. '해리 포터' 시리즈에서도 마법과 마술은 '매직 magic'이라는 단어가 동일하게 사용된다. 마법 능력을 지닌 사람들에 대해서는 '위치 witch', '월록 warlock', '위저드 wizard' 등 다양한 용어들이 서로 다른 의미로 사용된다. 동양권에서는 마법에 대한 분류가 사뭇 다르다. 한국어로는 '마술', '마법', '요술', '주술', '도술' 등 술법을 뜻하는 다양한 단어가 있다. 그러나 '마술'을 제외하면, 대부분의 단어들이 어감만 다를 뿐 분명한 차이가 있다고 보기는 힘들다.

마술은 사전적 정의 안에 '속임수'라는 어감이 있어서 부정적인 맥락으로 쓰이기도 한다. "마술 같은 도둑의 손놀림", "마술 같은 사기" 등이 대표적이다. 영화 〈나우 유 씨 미 Now you see me〉 시리즈 첫 편이 한국에서는 '마술 사기단'이라는 부제와 함께 개봉되기도 했다. '트릭 trick'은 엄밀히 말하면 속임수와는 다른 의미이지만, 대체할 수 있는 한국어가 없는 관계로 어쩔 수 없이 '속임수'로 번역된다.

모든 관객이 마술 팬은 아니다.

미디어를 통해서 관객의 대부분은 트릭이 있음을 알고 있다. 그럼에도 시간과 돈을 내며 당신의 공연을 보러 온다면, 그 이유에 대해 생각해야 한다. 신기한 경험을 얻기 위해, 미스터리를 즐기고 싶어서, 연인과의 데이트를 위해서 등 다양한 이유로 당신의 마술을 보러 왔음을 잊어서는 안 된다. 마술을 좋아해서 온 관객들만 앉아 있다고 생각한다면 큰 착각이다.

대부분의 관객은 마술을 처음 경험하는 사람들이다.

마술이 아무리 대중화되었다고 하더라도, 마술이 취미가 아닌 이상 평생 마술 공연을 한 번이라도 애써 보는 사람은 생각보다 많지 않다. 당신의 컨디션이 좋든 말든, 당신에게 어떤 변명거리가 있든 간에 그날 대부분의 관객은 인생에서 마술을 처음 경험한다. 그 한 번이 관객에게 마술에 대한 평생의 이미지를 심어준다. 그래서 마술사는 항상 최선을 다해야 한다. 관객에게 잊지 못할 경험을 만들어주는 것이 공연의 가장 큰 목표이다.

비둘기만 기억한다면 실패한 것이다.

마술을 잘하고 싶다면 자신이 태어날 때부터 지금까지 어떤 인생을 살아왔는지 세세하게 써보자. 그리고 스스로 어떤 인간인지 돌이켜보라. 예술의 목적은 결국 자신을 표현하는 데 있다. 따라서 당신 스스로 누구인지 아는 것은 매우 중요하다. 트릭은 마술사 자신을 표현하는 매개체일 뿐 그 자체가 목적이 아니다.

연주자가 악보를 통해 자신의 음악을 이야기하는 것처럼, 마술사도 트릭을 통해 자신이 누구인지 보여준다. 그러니 트릭에 나의 이야기를 녹여 나의 인생이 엿보이게 연기해라. 관객이 막 마술을 마친 마술사의 인생을 궁금해 해야지, 비둘기가 나타난 마술만 기억한다면 실패한 것이다.

단 한 명도 바보로 만들지 마라.

마술사 마이클 애머Michael Ammar가 매직캐슬에서 일할 때, 애머의 어머니는 마술 공연을 보기 위해 로스앤젤레스를 찾았다. 처음으로 아들이 아닌 다른 마술사의 공연을 정식으로 보게 된 것이다. 애머는 어머니와 함께 기쁜 마음으로 함께 관객석에 앉았지만, 그날의 마술사가 어머니를 무대에 데리고 나간 것은 애머에게 최악의 순간이 되었다. 마술사가 어머니를 '바보'로 만드는 코미디 마술을 시연했기 때문이다. 아들이 아닌 마술사의 정식 공연에 대한 어머니의 첫 기억은 자신이 바보가 되었다는 것이었다. 애머는 그 후 자신은 절대 그러한 마술을 공연하지 않으리라 결심했다. 관객 한 명을 바보로 만들어 웃기는 일은 매우 쉽다. 그러나 그 관객에게는 잊지 못할 부끄러운 기억이 될 수 있다.

예쁜 관객을 뽑는다고 말하지 마라.

공연 무대에서 관객을 참여시킬 때, 가끔 어떤 마술사들은 가장 예쁜 관객을 뽑는다고 말하면서 여성 관객을 무대 위로 데리고 나온다. 그러나 이는 매우 좋지 않은 방법이다. 무대로 불려나오게 된 관객의 주변 여성 관객들이 마음속으로 자신의 외모에 대해 생각할 수 있기 때문이다. 외모로 평가하며 관객을 뽑지 마라. 옛날에는 통했을지 몰라도 지금은 아니다. 시대가 어떻게 바뀌고 있는지 항상 살펴보는 자세가 필요하다.

칭찬의 기본은 솔직함이다.

관객의 외모를 칭찬해야 할 일이 있다면, 솔직해야 한다. 이는 그 관객이 한 번쯤은 다른 사람에게 들었을 법한 점을 말해야 한다는 뜻이다. 허무맹랑한 칭찬보다는 현실성 있는 칭찬이 훨씬 효과적이다. 또한 특정 연예인을 닮았다고 이야기할 때는 그 연예인은 이미지가 매우 좋고 많은 사람들에게 외모적으로 호감이어야 한다. 호불호가 있는 사람과 닮았다고 판단될 경우 그 이야기는 꺼내면 안 된다. 또한 구체적인 칭찬이 더 효과가 좋다. "얼굴이 예쁘시네요"보다 "눈이 너무나 아름다우신 분이네요"가 더 진정성이 느껴진다.

잘난 척은 피해라.

가끔 마술사들이 자신을 알아봐달라고 말하기 위해 자신의 경력을 잘난 척하면서 이야기하는 경우가 있다. 그런데 이 방법은 정말 말을 잘하는 마술사가 아니라면 피해야 한다. 잘난 척보다는 무명시절의 이야기, 성공담보다는 실패담이 훨씬 관객의 공감을 불러일으키는 이야기라는 점을 잊어선 안 된다.

부정적 이야기는 전염성이 강하다.

가끔 공연 중에 자신의 처지를 불쌍하게 이야기하거나, 오늘의 관객들을 평가하는 등의 부정적인 말을 덧붙이는 마술사들이 있다. 그러한 부정적 이야기들은 전염성이 강하다. 작은 말이라도 스치듯 이야기하지 마라. 그것이 불씨가 된다.

첫인상은 3초 안에 결정된다.

외적인 부분은 어쩔 수 없이 공연자에게 매우 중요한 부분이다. 인간은 외적인 미에 본능적으로 끌리기 때문이다. 일류 마술사들은 이 점을 너무 잘 알고 있어서, 자신의 의상과 헤어스타일 등 외적 요소가 공연에서 잘 어우러지는지 반드시 고려한다.

기술 연습도 좋지만, 패션 잡지를 보는 공부도 반드시 필요하다.《지니Genii Magazine》의 한 칼럼에서는 "헤어스타일을 바꿨더니 마술사의 연수입이 30퍼센트 증가했다"라는 대목이 나오기도 했다. 연예인처럼 외모가 뛰어나지 않은 이상 노력할 필요가 있다. 당신이 무대에 나오는 순간, 관객은 당신의 인상을 3초 안에 판단할 것이다.

관객은 무대 뒤도 알아챈다.

대기실의 분위기도 관객은 무의식적으로 느낄 수 있다. 스태프들과의 분위기가 좋지 않다면 그 역시 미묘하게 전달될 수 있다. 공연하기 전에 반드시 스태프들과 좋은 관계를 유지하고, 밝은 목소리를 계속 일부러 내면서 스태프들과 대화하라. 서로가 기분 좋게 해야 한다.

엠시는 주인공이 아니다.

마술사를 하다 보면 갈라쇼에서 사회자의 역할을 맡을 때가 종종 생긴다. 마술사는 1인 예술가이다 보니, 종종 엠시를 처음 맡게 되었을 때 자신이 돋보이려고 애쓰는 경우가 있다. 그러나 엠시MC는 'Master of Ceremonies'의 준말이다. 주연이 아닌 조연에 머물면서 그날의 게스트들이 빛나게 하는 역할을 해야 한다. 상대의 움직임을 잘 관찰해 그에 따라 행동반경을 조절하고, 다음 공연자가 관객의 주목을 끌 수 있도록 받쳐주어야 한다.

쇼비즈니스의 3원칙

모든 이야기는 세 번째에서 끝내는 것이 좋다. 그 이상을 넘어가면 관객들은 지루하게 여긴다. 같은 현상을 반복해 보여줘야 하는 마술도 세 번을 넘어가면 좋은 마술이 되기가 어렵다. '정반합正反合'을 스토리텔링 만들기의 기본으로 삼는 데는 다 이유가 있다.

세 개의 아이디어와 이미지는 어쩐지 유쾌하고 흥미로우며 기억하기도 쉽다. '3'은 패턴 혹은 리듬을 만들어내는 최적의 숫자 조합이므로 만약 네 개라면 하나를 줄여라. 두 개라면 하나를 더 고민하라.

마술이 예술인가?

가끔 마술사들은 마술이 예술인가에 대해서 토론한다. 그리고 순수예술가처럼 대접받지 못하는 데 대해 분통을 터트릴 때가 있다. 그런 토론을 할 시간에 자신의 마술을 업그레이드할 생각을 하는 것이 인생에 훨씬 도움이 된다. 당신이 이 일을 예순 살 넘어서도 잘 해내고 있다면, 누구나 당신의 마술을 보고 당신을 예술가라 평가할 것이다.

예술인지 아닌지는 예술가 스스로 내리는 것이 아닌 관객이 결정하는 것이다. 대중음악도 음악계에서 순수예술로 여겨지지 않지만, 조용필이나 스팅처럼 한자리를 오래 지킨 가수들의 음악을 실제로 듣게 된 관객들은 그들을 예술가라 생각한다. 당신 스스로가 예술이 되게 하라.

공연은 퍼즐 맞추기다.

좋은 마술을 어떻게 잘 배열하는가에 대해서 고민하는 것이 공연 만들기의 첫걸음이다. 3분의 1은 클래식 마술, 3분의 1은 리노베이션 마술(자신의 색깔에 맞춰 클래식 마술을 개량한 것), 그리고 나머지 3분의 1은 오리지널 마술(자신만의 것)을 배치하는 것이 가장 이상적이다. 자신만의 퍼즐을 잘 맞추어 좋은 그림을 만들어보자.

긴장하지 않는 마술사는 이류다.

손이 떨리고 심장이 터질 듯한 두근거림 때문에 걱정하는 초보 마술사들은 그 느낌을 절대 잊지 말자. 그 긴장감이 관객에게 온전히 전해져 라이브의 느낌을 더 살릴 수 있다. 오히려 너무 숙련된 프로는 매너리즘에 빠지기 쉽다. 마술사 릭 토머스Rick Thomas는 라스베이거스에서 장기간 공연할 때 호텔은 1년 이하로만 계약했다. 장소를 바꿔가며 새로운 마술을 보여줘야 매너리즘에 빠지지 않으면서 오래 할 수 있다고 생각했기 때문이다. 적당한 긴장감을 유지할 수 있도록 노력하는 마술사가 초일류다.

프로 마술사일수록 관객이 된다.

일본의 유명한 마술사 미스터 마릭Mr. Maric은 SBS 개국 방송에 와서 리허설을 할 당시 가장 먼저 피디들에게 카드를 섞어보라고 했다. 한국인은 카드를 어떻게 섞는지 지켜보고 싶어 했다. 관객이 보기에 가장 자연스러운 동작을 연기하기 위한 방식을 선택하는 것이 중요하기 때문이다.

마술을 오래 하다 보면, 마술사의 관점에서 공연을 만들려는 마음이 생긴다. 이때 이류 마술사들은 부자연스럽고 흐름에 맞지 않는 손기술을 섞는다. 철저히 비마술인의 관점에서 생각하는 것이 가장 이상적인 프로 마술사의 모습이다.

말은 쉽게 하라.

화술의 기본은 누구나 다 이해할 수 있게 말하는 것이다. 남에게 어렵게 말하는 이유는 대개 두 가지다. 자신도 그 말의 의미를 모르고 있거나, 상대를 속이려 하는 경우다. 그것도 아니면 자기과시에 불과하다.

마술사는 트릭을 행한다는 점에서 관객 위에 있으려는 심리가 있다. 관객은 속이려는 대상이 아니라 나의 손님이다. 영어를 섞어 이야기하거나 명언을 남발하지 마라. 쉬운 단어를 선택하고, 비속어를 쓰지 마라.

마술 연기의 세 가지 방법

마술 연기는 크게 세 가지 방식을 벗어나지 않는다. 이것을 잘 이해하고 어떻게 연기할지 정한 뒤, 공연할 때 적용하는 습관을 들여야 한다.

신God 지금 행해지는 이 마술 같은 순간들은 내가 아니라 신이 한 것이다. 그 현상을 관객과 내가 동시에 경험한다. 앞으로의 벌어질 일은 마술사도 관객과 마찬가지로 모른다.

마술사magician 모든 현상은 마술사의 주도 아래 이루어진 것이며, 앞으로 일어날 일을 마술사는 알고 있다.

도구object 어떤 마법의 힘이 깃든 도구가 마술 현상을 만들어냈다. 매직완드가 가장 대표적이다.

거울 보고 연습하지 마라.

마술사들은 보통 연습실에서 거울을 보고 연습한다. 그러나 이는 어리석은 연습 방법이다. 거울은 사각지대가 발생한다. 나의 표정과 동작이 어떻게 보이는지 모든 각도에서 볼 수 없다. 카메라는 우리가 알지 못했던 부분도 매우 잘 잡아낼 수 있다. 전설적인 마술사 데이비드 카퍼필드David Copperfield는 공연에서 새로운 액트act를 선보일 때, 태블릿 PC 다섯 개를 각기 다른 관객석에 올려놓고 계속 녹화하면서 확인한 뒤 동작을 수정한다. 초일류는 그냥 되는 것이 아니다.

훌륭한 마술사의 지름길

자연스러운 연기는 일상의 모습에서 추출된다. 있는 그대로의 내 모습을 마술에 입혀 연기할 때, 관객도 거부감 없이 받아들일 수 있다. 과장된 연기를 하거나 동경하는 마술사를 따라 연기하는 경우 발전할 수가 없다. 자신의 모습을 마술에 자연스럽게 녹여 연기하기 위해서는 평상시 자신의 삶을 잘 생각해볼 필요가 있다. 전 세계 초일류 마술사들 중에는 술과 담배를 하지 않으며, 겸손하고 마술에 집중하는 삶을 사는 이들이 많다. 마술사의 정제된 삶이 마술 또한 더 높은 차원으로 이끄는 것이다.

좋은 사람이 되는 것이 좋은 마술사가 되는 가장 빠른 길이다. 평소에 사람을 존중하고, 예의 바르게 행동하라. 관객은 예민해서 무의식적으로 다 알아차릴 수 있다.

칭찬과 비판은 비례한다.

누군가 나를 칭찬한다는 것은 욕하는 사람도 동시에 늘고 있다는 뜻이다. 매우 잘하고 있다는 의미이기도 하다. 만약 어떤 마술사의 마술 스타일을 다른 마술사들이 비난하는데 대중은 그 마술사를 좋아한다면, 그가 기존 질서를 무너뜨리고 있다는 뜻이다. 그러니 두려워하지 마라. 모든 이가 당신을 좋아할 수 없다는 것을 알면 마음 편하게 공연할 수 있다. 모든 이가 나를 좋아할 수 없다는 것을 알 때 오히려 더 나아갈 수 있다.

스스로는 칭찬하지 마라.

"나는 잘해"라고 말하는 마술사 중에 잘하는 사람은 없다. '나는 잘한다'라고 생각하는 순간 현 상태에 만족한다는 뜻이기도 하다. 또한 정직하게 비판해줄 수 있는 동료가 옆에 없다는 뜻이기도 하다.

대본이 없는 듯한 대본을 써라.

대부분의 마술사들이 대본을 쓰지 않고 무대에 서는 경우가 많다. 애드리브로 마술을 하려 하지 마라. 대본을 쓰는 연습이 첫 번째다. 그래야 부적절한 말, 필요 없는 말들을 최대한 줄일 수 있다. 이를 통해 관객이 마술을 어떻게 대하게 만들지도 연구할 수 있다.

때로는 관객 유형에 따라 상황별 대본을 나누는 것도 필요하다. 아이를 뽑으면 특히 돌발 상황이 많이 생긴다. 따라서 아이가 우는 경우, 마술을 거부하는 경우, 보호자를 찾는 경우 등 모든 경우의 수에 대비해야 한다. 심지어 마술이 실패했을 때를 대비해 시간을 벌기 위한 여분의 마술도 준비하고, 이를 스태프들과 공유해야 한다. 실패 상황을 위한 대본을 써두는 것도 잊어서는 안 된다.

그러나 이 모든 연기를 할 때는 대본이 없는 느낌이어야 한다. 즉석에서 만들어진 대사처럼 말해야 한다.

반복되지 않는 것처럼 설계하라.

공연을 만들 때는 같은 현상이 반복되지 않도록 설계되었는지 항상 체크해야 한다. 관객들이 최대한 다양한 현상을 경험한 것처럼 느끼도록 배치해야 한다. 미국의 마술사 다리엘 피츠키Dariel Fitzkee는 1944년에 펴낸 책 《트릭 브레인The trick brain》에서 마술의 현상을 19가지로 분류하고 정의했다. 20번째 현상에 있을지에 대해 마술사들이 논의하는 프로젝트가 2000년대 초반에 진행되었으나, 20번째 현상은 없다는 결론이 내려졌다. 이 분류법은 공연을 만들 때 반드시 고려해야 한다.

마술의 19가지 현상

출현 production 아무것도 없는 곳으로부터 무언가가 나타나거나 그 수가 증가하는 현상

소실 vanishing 무언가가 사라지거나 그 수가 줄어드는 현상

이동 transposition 보이던 것이 어느 불특정한 장소에서 나타나는 현상

변형 transformation 색이나 크기, 형태가 바뀌는 현상

관통 penetration 무언가가 고체를 뚫고 나오는 현상

부활 restoration 찢거나 부순 것이 원래대로 돌아오는 현상

움직임 animation 생명이 없던 것에서 동작이 일어나는 현상

무중력 anti-gravity 중력을 거부하는 현상

부착 attraction 자석처럼 물체끼리 붙는 현상

동조 sympathetic reaction 기존의 것이 다른 것의 영향을 받아 동일한 것이 되어지는 현상

불사신 invulnerability 다치거나 상처를 입지 않는 현상

물리적·육체적 훼손 physical anomaly 손 등 신체의 일부가 늘어나거나 사라지는 현상

관객의 실패 spectator failure 간단한 일을 관객이 같이 해주지만 관객은 실패하는 현상

제어 control 마술사의 정신력으로 무언가를 움직이는 현상

인지 identification 혼잡한 것으로부터 무언가를 찾는 현상

독심술 thought reading 관객의 마음을 읽는 현상

사고의 전달 thought transmission 어떠한 생각을 상대방에게 전달하는 현상

예언 prediction 앞으로 일어날 현상을 미리 말하는 현상

초감각적 지각 extrasensory perception 일반적인 지각을 넘어 일어나는 투시와 초능력 같은 현상

최고의 마술은 시간을 잊게 만든다.

관객이 공연을 보면서 시간을 확인하는 것은 마술사에게 매우 좋지 않은 징조다. 마술을 보는 관객이 시간 가는 줄 몰랐을 때, 최고의 마술을 선보인 것이라고 할 수 있다. 현실을 잊게 만드는 것이 엔터테인먼트의 대전제임을 잊지 말자.

명필은 붓을 가리지 않지만, 명마술사는 도구를 가린다.

인터넷으로 정보의 유통이 자유로워지면서, 창작자의 허가 없이 카피해 판매하는 일루전 도구들이 넘쳐난다. 이때 원작자의 도구가 1000만 원이라면 복제품은 10분의 1 가격으로 살 수 있다. 이에 대한 법적 제재는 쉽지가 않다. 마술은 특허가 아니라 지적 재산권의 범위에 들어가기 때문이다. 특허로 등록할 경우, 모든 이가 열람할 수 있도록 일부 원리를 공개해야 하는데, 이는 마술의 특성상 불가능한 일이다.

붓을 가리지 않는 것은 명필에만 해당되는 이야기이다. 마술사는 도구를 가려야 한다. 원작자의 도구를 구매하면 원작자의 노하우를 정확히 배울 수 있다. 게다가 원작자의 도구에는 복제품에 담기지 않은 디테일들이 숨어 있다. 관객 또한 도구의 미묘한 퀄리티 차이를 무의식 안에서 느낀다. 그러니 도구의 퀄리티에 돈을 아끼지 마라. 때로는 그러한 마음가짐이 관객이 마술사를 판단하는 중요한 요소가 되기도 한다. 복제품을 사용하는 데 죄의식을 느끼지 못한다면, 그 마술사도 결국 복제품인 것이다. 또한 일류 마술사로 성장할 때 그러한 과거들이 발목을 잡을 수 있다.

사람이 보이게 만들어라.

가끔 마술도구를 무대 중앙에 두고, 그 옆에서 마술하는 마술사들이 있다. 그러나 특별한 경우를 제외하면 마술사가 무대의 중심에 있어야 한다. 도구가 중앙에 있으면 현상에 가려 관객이 마술사를 기억하지 못한다. 마술은 본질적으로 사람이 행하는 것이지 도구가 일으키는 것이 아님을 관객에게 인지시켜야 한다.

관객을 무대에 올라오게 했을 때는 되도록 관객이 중간에 있고 마술사가 옆에 서 있는 것이 좋다. 그 순간 관객이 주인공이며, 모든 현상이 그 관객으로 인해 일어났음을 무의식적으로 각인시키는 것이다.

마술과 기술은 다르다

기술이 좋은 테크니션이 좋은 마술사가 되는 경우는 매우 드물다. 기술의 아름다움에 홀려 마술을 해야 한다는 사실을 잊어버리기 때문이다. 최고의 테크니션으로 평가받는 미국 마술사 빌 멀론Bill Malone은 레스토랑에서 호핑 마술(테이블을 점프한다는 의미로 식사 중인 사람들에게 마술을 보여주는 공연 형태)을 공연했을 때의 일화를 예로 든다. 현란한 카드 마술을 끝내고 뿌듯해하는 그에게 테이블에 앉은 손님이 부탁을 했다. "당신의 마술도 좋았지만, 저기서 공연하고 있는 마술사를 불러주세요." 멀론이 평소 은근히 깔보던 그 마술사는 반대쪽 테이블에서 스펀지볼 마술을 하고 있었다.

마술사들은 낮게 평가하지만 관객은 정말 좋아하는 마술이 굉장히 많다. 정말로 마술을 하고자 한다면, 이 책의 첫 번째 글에서 나온 마술의 정의를 다시 한번 생각해보자. 마술과 기술은 다르다.

기술을 개념적으로 이해하라.

기술적 이해는 마술을 기술 자체로만 이해하고 연습하는 것이다. 기술을 단편적인 기능으로 알고 인지하는 것이다. 개념적 이해는 이 기술이 왜 만들어졌는지, 관객에게 어떤 모습으로 이해될 수 있는지, 그리고 어떤 상황에서 써야 유용한지 이해하는 것이다. 이 둘은 아예 다른 것이다. 보통의 마술사는 그냥 기술 연습만 한다. 그래서는 발전할 수가 없다. 개념적 이해를 확장시키는 훈련이 필요하다.

기술은 출발점이지 도착점이 아니다.

누구나 처음 마술을 배울 때 모방하기에서 시작한다. 동경하는 마술사 혹은 영상에 나오는 마술을 그대로 따라하면서 초보자의 시절을 겪는다. 위대한 마술사들의 작품을 모방하면 인지력과 기술들을 쌓을 수 있고, 마술의 본질적인 작동 방식을 배우는 데 큰 도움이 된다. 따라서 모든 디테일을 복사하고 연습해야 한다. 독창성은 새로움이 아니라 기본 역량을 개발하는 데서 시작된다.

그리고 대부분의 마술사가 모방하는 단계에서 멈춘다. 가장 안전하고 쉽기 때문이다. 하지만 다음 단계로 넘어가기 위해서는 자신만의 것이 필요하다. 자신만의 것이 생겨나기 시작할 때, 비로소 진짜 마술사로 인정받는 단계에 들어서는 것임을 알아야 한다. 기술을 배우는 데 사용하는 시간은 창의적으로 되기 위한 시간은 아니다.

유레카 εύρηκα

아이디어는 갑자기 하늘에서 떨어지는 것이라고 생각하는 사람들이 많다. 새로 만든 왕관이 진짜 순금인지를 알아오라는 왕의 요청을 받은 뒤 고민하던 고대 그리스의 수학자 아르키메데스는, 욕조에 들어갔을 때 물이 넘치는 것에서 아이디어를 얻고 '유레카'를 외친다. 그런데 이 아이디어는 아르키메데스가 매 순간 끊임없이 문제를 생각했기에 떠오른 것이지, 갑자기 하늘에서 뚝 떨어진 것이 아니다.

마술의 아이디어도 마찬가지다. 모든 시간 모든 환경에서 계속 좋은 마술의 아이디어를 찾고자 강력히 원하는 사람만이 '유레카'를 외칠 수 있다.

뇌를 믿지 말고 메모를 믿어라.

아이디어는 항상 기록해야 한다. 마술은 배울수록 외우고 기록할 일들이 늘어난다. 그래서 휴대폰 메모 기능을 이용해 기록하고 분류하는 습관을 들여야 한다. 글로 마술을 기록하는 일이 쉽지 않을 때도 있다. 그럴 때는 무조건 영상을 찍어서 나중에 볼 수 있게 해야 한다. 나도 가끔 아이디어가 떠오르지 않을 때, 20년 전 메모들을 보면서 다시 인사이트를 얻는다. 자신의 뇌를 믿지 마라. 그 대신 과거에 자신이 써놓은 메모는 믿어도 된다.

이론과 실전은 상호 작용한다.

이론은 실제가 아니라고 말하는 사람은 이론이 무엇인지 모르는 사람이다. 이론은 실제 현상을 설명한다. 이론은 다양한 정보를 일반적인 패턴으로 조직화하고, 마술효과 배후의 숨은 이유를 규명하며, 이미 알려진 혹은 전혀 알려지지 않은 정보를 심층적으로 알려준다. 지식이 전달되도록 촉진하며 더 나은 상황을 제안하기도 한다. 따라서 이론을 적용하고 포용하는 마술사는 새롭거나 깊이 있는 마술을 선보이게 되지만, 이론을 반대하는 일부 마술사들은 그 자리에 계속 머물 확률이 높다. "훌륭한 이론보다 실제적인 것은 없다"(쿠르트 레빈Kurt lewin).

하워드 서스톤의 3원칙

미국의 마술사 하워드 서스톤Howard Thurston의 세 가지 원칙은 마술을 배우는 사람들은 누구나 다 배운다.

제1원칙 마술의 비밀을 말하지 말 것
제2원칙 같은 마술을 두 번 반복하지 말 것
제3원칙 마술의 결과를 미리 이야기하지 말 것

사실 이 원칙은 서스톤이 직접 말한 것이 아니라 그가 판매한 마술세트의 설명서에 적혀 있는 것이다. 그런데 실제로는 자신의 공연 포스터에서 "오늘밤 코끼리가 사라질 것이다"라고 홍보했다. 결과를 미리 이야기하는 방법으로 사람들의 호기심을 샀고, 이 방법으로 큰 성공도 거두었다. 그러니 우리가 무엇을 배울 때는 무조건 받아들이기보다는 한 번쯤 곰곰이 생각해보고, 그 내용이 어떤 맥락에서 나온 것인지를 고민해봐야 한다.

트릭보다 퍼스널리티를 궁금하게 만들어라.

'개성', '인격', '성격' 등을 뜻하는 퍼스널리티personality는 라틴어 '페르소나persona'에서 온 말이다. 페르소나란 고대 로마 시대극에서 사용된 마스크 가면을 뜻한다. 페르소나의 핵심은 연기자가 맡은 인물의 타입을 극명하게 보여주는 것이다.

퍼스널리티는 한 프로 마술사가 일류가 되는지 이류가 되는지를 판가름하는 중요한 요소이다. 마술을 관객에게 보여줄 때, 관객이 트릭의 비밀보다 그 마술사의 퍼스널리티를 궁금해한다면 매우 성공적인 공연을 한 것이다.

마술은 종합예술이다.

마술사들은 사람들에게 "마술은 종합예술입니다"라고 이야기한다. 사실이다. 음악, 미술, 심리학, 뇌과학 등 모든 것이 종합적으로 합쳐져 있기 때문이다. 그런데 저렇게 말하는 마술사들 대부분은 다른 예술에 관심을 두는 경우가 거의 없다. 다른 분야에 진정으로 해박한 지식을 지닌 사람도 드물다.

좋은 공연을 만드는 가장 좋은 방법은 좋은 공연을 많이 보는 것이다. 시간이 될 때마다 다른 장르의 공연을 관람하라. 뮤지컬, 연극, 전시회 등 공연의 모든 형태를 경험하라. 어릴 적에 나는 돈이 생기면 전 세계 유명한 공연들을 찾아다녔다. 그것이 나중에 큰 힘으로 돌아온다. 또한 책을 읽고 깊이 파고들어라. 그래야 진짜 마술이 다가온다.

마술은 서비스업이다.

마술사라는 직업의 근간은 서비스업이다. 결국 마술사도 팔리지 않는다면 실업자이기 때문이다. 그러니 자기가 하고 싶은 마술을 하는 것이 아니라, 각각의 무대에서 어떤 마술을 해야 관객이 기뻐할지를 먼저 떠올려야 한다. 프로 마술사란 관객에게 혹은 클라이언트에게 돈을 받는 직업임을 명심하라.

마술사는 CEO다.

마술사가 혼자 모든 공연을 진행할 수 있다는 생각은 프로의 세계를 경험하지 못한 아마추어의 생각이다. 프로 마술사는 회사의 CEO 같은 마인드가 필요하다. 스태프들을 챙기고 진두지휘하는 리더십을 갖춰야 한다. 스태프들과의 조화로움이 좋은 공연을 만들기 때문이다. 그들과 사이가 좋지 못하면, 그 마술사는 관객들에게도 외면받을 것이다. 가까이 있는 사람들도 설득하지 못하는데, 처음 만난 관객들을 어떻게 설득할 수 있겠는가?

TV 마술이 가장 어렵다.

TV 마술을 무시하는 아마추어·프로 마술사들이 생각보다 많다. 본질적으로 TV 마술은 카메라 렌즈 너머에 있는 가상의 인간을 설득하는 일이다. 패널이나 출연자가 신기함을 느끼는 표정이 생생히 전달됨으로써 시청자들이 마술의 신기함을 화면으로도 충분히 느끼게 해야 한다. 이 일은 매우 어려울 뿐 아니라 카메라 렌즈에서는 마술사의 미스디렉션misdirection*이 작동하지 않는다. 시청자는 화면을 보기 때문에 마술사의 전체 동작이 모두 보인다. 마술사는 이 점을 고려해야 한다.

* 관객의 시선이나 인식을 돌리거나 착각하게 만드는 모든 것.

마술은 성인을 위한 것이다.

《믿는다는 것의 과학Born to believe》이라는 책에 따르면 마술에 어떠한 트릭도 없다고 순수하게 믿는 나이는 만 4~5세까지다. 사물이 작동하는 원리를 이해하는 순간부터는 마술을 더 이상 믿지 않는다. 산타가 없다고 믿는 나이와 거의 비슷하다.

그런데 점점 나이가 들고 고정관념과 사고방식이 굳어질수록 그것을 역이용하기 쉽다. 자신이 굳건히 믿고 있는 것을 마술이 파괴했을 때, 마술은 그 사람을 진짜 마법으로 이끄는 최고의 길이 될 수 있기 때문이다. 그런 점에서 오히려 마술은 아이들을 위한 것이 아니라 성인을 위한 지적유희에 가까운 예술이다.

가장 어려운 관객은 아이다.

아이는 집중력이 짧으며, 재미없는 것은 보지 않으려고 한다. 또한 앞뒤 맥락을 고려하지 않고 현상만을 본다. 따라서 현상들이 연속적으로 나오게 하거나 시선을 잡아두어야 한다. 그렇지 않으면 쇼가 실패하기 쉽다. 아이가 들어오는 공연이라면 아이의 관점을 고려해 쇼를 구성해야 한다. 키즈 매직쇼는 마술 산업계에서 가장 저평가되지만, 실은 가장 성공하기 어려운 분야 중 하나이기도 하다.

관객은 과거에 취하지 않는다.

미술을 하다 보면 주목을 받을 때도 있고, 관심받는 일들이 생기기도 한다. 그러나 그것은 잠깐이다. 과거에 머무르지 않고 미래를 보려는 마음가짐이 매우 중요하다. 대중은 현실에 취하는 것이지 과거의 것에 취하지 않는다. 주목받게 된 오늘에 감사하고 내일은 다른 것을 준비하자.

비판을 잘 듣는 법

다른 사람에게 자신의 마술에 대해 비평을 받을 때, 변명하는 마술사는 성장할 수 없고, 솔직히 받아들일 용기를 지닌 마술사는 성장할 수 있다. 공연에 대한 비판은 단점을 수정할 아이디어가 되기 때문이다. 이때 그 사람이 내놓는 해결책보다는 비판을 귀담아 듣는 것이 더 중요하다. 사람들마다 생각하는 해결책이 다를 수 있으며, 여러 해결책들이 오히려 엉뚱한 방향으로 이끌 수 있기 때문이다. 하지만 한 명 이상이 같은 문제를 언급한다면 그것은 거의 확실히 문제다.

자신의 실수를 솔직하게 지적할 수 있는 동료를 만들어라. 다만, 칭찬할 줄 모르는 동료는 곁에 두지 말 것.

아는 마술도 모른 척하라.

가끔 아마추어 혹은 프로 마술사들의 모임이 있을 때, 마술을 보면서 아는 척하는 사람들이 있다. 제일 바보 같은 짓이다. 아는 마술이라도 모른 척하고 박수를 쳐준다면, 상대방은 더 많은 것을 보여주게 된다. 그러다 보면 내가 모르는 것을 배우고 발견할 수 있다. 배움은 겸손함에서 출발한다.

좋은 마술사는 빠르게 수정한다.

마술을 하다 보면 피드백을 들을 기회가 생긴다. 누가 봐도 맞는 말인데 자존심 때문에 수정하지 않고 그대로 진행하거나, 귀찮아서 바꾸지 않는 경우도 있다. 데이비드 카퍼필드는 새로운 마술을 무대에 올릴 때 한 달 정도 동료들을 초대해 조언을 구한다. 그리고 조언이 합당하다고 생각하면 바로 적용한다. 세계 최고의 마술사도 그렇게 한다.

취미로서의 마술, 직업으로서의 마술

노래를 '잘 부르는' 사람과 '부르는 것을 잘하는' 사람은 다르다. 마술도 비슷하다. 마술은 취미로 시작하는 경우가 대부분이라서 초반에는 스스로 재능이 있다는 착각에 빠지기 쉽다. 그러나 아마추어의 세계와 프로의 세계 사이에 놓인 벽은 매우 높으며, 그 둘은 전혀 다른 세계다. 전 세계 인구 중에 좋아하는 일을 직업으로 삼는 경우는 3퍼센트라고 한다. 3퍼센트 중에서도 잘한다고 인정받기 위해서는 정말 뼈를 깎는 노력이 필요하다.

실수를 줄이거나 잘 넘어가라.

마술 공연은 실수와의 싸움이다. 세계 최고의 마술사도 공연에서 실수할 때가 있다. 다만 최고의 마술사는 실수를 줄이고, 실수를 하더라도 관객이 알아채지 못하게끔 넘어가는 노련함이 있다. "모든 위대한 작업은 일어날 수 있는 사고에 대비하는 과정이다"(시드니 루멧 Sidney Lumet).

여유와 무신경은 다르다.

연습으로 생겨난 자신감은 관객 앞에서 여유를 갖도록 만들어준다. 그래서 실수를 하더라도 그 여유로움이 사람을 홀린다. 이는 실수를 신경 쓰지 않는 것과는 엄연히 다르다. 실제 공연에서 실수를 별로 신경 쓰지 않는 사람은 연습에서의 실수도 신경 쓰지 않았을 확률이 높다.

관객은 현상을 선호한다.

2004년에 나는 무대에서 사라졌다가 관객석에서 다시 나오는 순간이동 마술을 선보였다. 2005년에는 그보다 세 배 더 많은 돈을 투자해 새로운 순간이동 마술도구를 선보였다. 그때 "2004년 공연을 보고 이번 공연도 보았지만, 레퍼토리가 변하지 않는다. 관객석에서 최현우가 또 나왔다"라는 관객의 리뷰를 받은 적이 있다.

관객은 현상을 선호하고 마술사는 방법을 선호한다. 이 둘은 다른 것이다. 그러니 기술적인 것뿐 아니라 표현을 공부하는 데도 많은 시간을 들여라.

눈으로 웃는 연습을 하라.

눈은 매우 정확하게 감정을 보여주며, 입가보다 속이기가 어렵다. 그래서 입가가 아무리 웃고 있어도 눈은 웃고 있지 않으면, 관객은 진짜가 아니라고 느낀다. 평소 연습할 때 연기로 웃는 것이 아니라 진짜로 웃는 습관을 들여서 관객에게 진정성 있게 다가갈 수 있도록 해야 한다.

목소리를 연구하라.

외모가 매력적이지 않은 바람둥이는 있어도 목소리가 매력적이지 않은 바람둥이는 없다. 목소리는 공연자의 가장 기본적인 요소이며, 사람을 홀리는 가장 큰 무기이다. 목소리의 톤을 조정해 마술의 클라이맥스를 끌어올리는 방법을 연구해야 한다. 목소리가 높다고 관객이 집중하는 것은 아니다. 오히려 조용한 목소리로 속삭이는 순간을 만들 때 더욱 집중하기도 한다.

음악의 마법도 이용하라.

음악은 사람을 즉각 울릴 수도 있는 마법 같은 힘을 지닌 거의 유일한 예술 장르다. 따라서 마술사는 음악을 가까이해야 하고, 자신의 마술에 어울릴 만한 음악을 선택할 수 있는 감각도 필요하다. 영화를 보다가도 카페에 앉아 있다가도, 마술과 어울리는 음악이 나오면 바로 찾아보는 습관을 들여보자.

매력적인 마술의 첫 번째 규칙

매력적인 마술은 매력적인 인간으로부터 태어난다. 매력적인 마술을 펼치는 사람의 첫 번째 조건은 상대방을 즐겁게 해주려는 마음을 갖는 것이다. 마술이라고 하는 것은 상대방이 있어야 성립되는 대중예술임을 잊으면 안 된다.

마술사가 되는 데는 시간이 걸린다.

마술은 광범위한 지식의 통합으로 이루어진다. 이를 이해하고 공연에 적용하기 위해 마술사는 역사, 미술, 사회학, 물리학, 심리학, 재료학, 상징론, 뇌과학 외에도 정말 많은 분야를 공부해야 한다. 공연을 만들기 위해서는 대본을 직접 구성하는 능력이 필요하며, 이를 위해 역사를 비롯한 인문학 분야의 상식을 쌓아야 한다. 또 마술의 작동 원리를 구체적으로 이해하기 위해서는 심리학과 뇌과학을 공부해야 한다. 미술은 무대 장치와 세트를 만들 때 도움이 되며, 정치에 관심을 가지면 사회가 돌아가는 방식을 이해해 마술에 적용하려 애쓰게 된다. 이 모든 분야를 공부하고 파고들기까지 시간이 걸린다. 천천히 단계를 밟아가는 마음으로 공부하라. 충분히 가치 있는 작업이다.

마술을 완벽히 이해하는 마술사는 1퍼센트에 불과하다.

다리엘 피츠키의 책《마술사를 위한 쇼맨십Showmanship for magicians》에 따르면 마술사 중 75퍼센트는 바보들이고, 24퍼센트는 평균이며, 오직 1퍼센트만이 마술을 완벽히 이해한다고 했다. 마술이 지닌 힘, 작동 원리, 신기함을 정확히 이해한 뒤 무대에 적용하는 1퍼센트의 마술사를 제외하면, 나머지 99퍼센트는 마술의 근본 원리를 이해하지 못한 채 트릭만을 보여주는 마술사가 된다는 의미다. 1900년대 초에 쓰인 이 문장은 굉장한 통찰력이 있다. 현대에도 이 비율은 그대로 적용된다. 오히려 1퍼센트 미만일 수도 있다.

자신의 마술이 어디에 속해 있는지를 항상 생각해봐야 한다. 자신을 1퍼센트로 착각하고 있지 않은지, 75퍼센트에 속하는데도 모르고 있는 건 아닌지 말이다. 적어도 이 글을 읽는 당신은 1퍼센트에 속할 확률이 매우 높다고 이야기하고 싶다.

히치콕의 영화를 연구하라.

두 사람이 테이블에서 이야기를 나눈다. 그런데 갑자기 폭탄이 터지면서 영화의 분위기가 바뀐다. 이 뻔한 장면이 히치콕 Alfred Hitchcock 감독의 영화에서는 다른 문법으로 그려진다. 폭탄이 터지기 전, 테이블 아래에 숨겨져 있는 모습을 관객에게 은근히 노출시킨다. 물론 영화 속 인물들은 이 사실을 모르는 것 같다. 이윽고 폭탄의 타이머가 작동하기 시작하고, 시간이 얼마 남지 않았음을 보여주면서 영화 속 긴장감은 점점 고조된다. 관객은 폭탄이 터지는 순간을 두려워하면서 영화에 몰입한다. 초일류 마술사들은 이러한 기법을 마술에 응용시켜 보여주곤 한다. 히치콕의 영화를 연구하면 배울 점이 매우 많다.

마술과 과학은 종이 한 장 차이다.

현대 마술의 선구자이기도 한 19세기의 마술사 로베르 우댕Robert Houdin은 당시 최첨단 기술과학자로 여겨지던 시계공의 아들이었다. 현대 마술사가 과학기술자의 집안에서 나온 것은 우연이 아니다. 현대 과학의 출발점은 연금술, 점성술 등이었기 때문이다.

마술과 과학은 분리된 지 100~200년밖에 되지 않았다. 마법의 꿈으로부터 과학이 생겨나고, 그 과학은 마법을 만들어간다. "충분히 발달한 과학기술은 마법과 구별할 수 없다."*

* SF의 거장 아서 클라크Arthur C. Clarke가 고안한 과학 3법칙 중 하나.

상상할 수 있다면 마법이 아니다.

결말이 예상되는 스릴러의 영화는 리뷰 평점이 낮은 법이다. 마술은 스릴러 영화와 비슷한 부분이 매우 많다. 반전적 요소가 잘 짜여 있는지 항상 되돌아봐야 한다. 관객의 상상을 뛰어넘어야 진정한 마법이 된다. "상상할 수 있다면 그것은 이미 현실이 다"(파블로 피카소Pablo Picasso).

진짜였냐는 물음에 답하는 법

관객들로부터 생각보다 이 질문을 많이 받는다. 내 마술이 정말 진짜였냐고 묻는 것이다. 이 질문은 여러 의미로 해석된다. 첫 번째는 마술을 트릭이 존재하지 않는 마법으로 느꼈다는 뜻이다. 두 번째로는 세상에 정말로 그러한 힘이 있는지 궁금하다는 뜻이다. 그러니 이 질문을 관객에게 받았다면 대단히 훌륭한 공연을 보여준 것이다.

마술사들은 이 질문에 진짜 초능력이라고 답하기도 하는데, 이는 매우 위험한 대답이다. 유리 겔러Uri Geller도 훌륭한 멘탈 매지션이었지만, 이 대답 때문에 사기꾼으로 낙인이 찍혔다. 그러니 조심해야 한다. 미국의 마술사 맥스 메이븐Max Maven은 "그것은 당신의 마음이 느끼는 대로다. 트릭이라고 생각한다면 트릭이고 마법이라고 생각한다면 마법이다"라고 답했다. 나는 이 대답이 최고의 답이라고 생각한다.

"의심하지 마세요"의 뜻

한국의 마술사들은 흔히 공연 중간에 의심하지 말아달라고 이야기한다. 인간은 어떤 현상을 마주했을 때 논리적으로 이해하려는 본능이 있는데, 마술은 논리적으로 이해되지 않으니 신기함과 의구심을 느끼는 것이 당연하다. 그런데 극장식 문화에 익숙하지 않은 한국 관객들의 경우, 옆자리 관객을 고려하지 않고 즉각 의논하는 경향이 있다. 마술사들은 이를 저지하는 의미로 의심하지 말아달라고 이야기하는 것이다.

관객들에게 이 말을 할 때 주의할 점은, 공연이 끝나고 귀가하는 길에 회의하라는 식으로 방향성을 제시해야 한다는 것이다. 너무 강압적인 어조로 의심하지 말라고 하면 오히려 부정적인 반응을 일으킬 수 있다.

헤클러는 설득할 필요가 없다.

가끔은 마술을 방해하거나, 이른바 '진상'을 부리는 관객들이 있다. 큰 소리로 "나 다 알 것 같아"라고 말하거나, "이건 ○○처럼 하는 거죠?"라고 으스대는 관객들도 있다. 그런 이들을 헤클러heckler라고 한다.

믿는 사람에게는 설명이 필요 없지만, 믿지 않는 사람에게는 무엇을 말해도 소용없다. 솔직함과 무례함을 구분하지 못하는 사람을 설득하지 마라. 그리고 상처받지도 말자. 타인이 나와 같다고 생각하지 않아야 공연자로서 오래 버틸 수 있다.

현시대가 원하는 마술을 고민하라.

마법은 미래를 내다보고 사건과 사고를 예방하고자 신탁에 의지했던 고대 문명으로부터 탄생했다. 이러한 마법에서 출발한 마술 역시 인간의 욕망을 실현해주는 기능이 있다. 하늘을 날고 싶은 욕구가 공중부양 마술을 유행시켰으며, 거대한 것을 지배하려는 심리는 마술의 황금시대에 코끼리가 사라지게 만드는 마술을 유행시켰다.

시대마다 욕망은 다르다. 시대와 세대의 흐름 속에서 현재 사람들이 가장 원하는 마술은 무엇일지 고민해보라. 그리고 마술을 통해 이루게 하라. 사람들은 그 마술을 마법으로 여기게 될 것이다. 참고로 나는 방송에서 로또 마술을 선보이고 많은 관심을 받았다.

아이디어를 서로 연결해보라.

자신의 아이디어를 포스트잇에 써놓고 쭉 나열해보라. 마술의 효과들도 섞어서 벽에 붙여보라. 요리조리 붙여가며 다시 정렬해보고 분리하며 재해석해보라. 여러 아이디어를 한눈에 보는 것은 새로운 연관성을 창조시킨다. 전혀 이어지지 않을 것 같은 아이디어를 이런 방식으로 결합할 때 새로운 마술이 탄생하기도 한다. 기업의 마케팅에서는 자주 사용되지만, 마술사들에게는 낯선 방법이다.

이를 동료들과 같이 해봐도 좋은 인사이트를 얻을 수 있다. 혼자 짜는 아이디어는 힘이 없다. 창작의 과정에서 여러 사람들이 함께 고민한다면 더 나은 결과를 만들어낼 수 있다.

공연은 예매에서부터 시작된다.

마술사들은 종이 울리고 첫 마술이 시작될 때 공연이 시작된다고 생각한다. 그러나 공연은 관객이 예매할 때부터 시작된다고 봐야 한다. 그리고 공연장에 찾아온 관객이 로비에서 공연의 분위기를 느끼고, 자리에 앉아 공연을 보고, 다음 날 친구들에게 공연을 추천하는 그 순간에 비로소 끝이 난다. 이 점을 이해하면 공연을 만드는 것이 생각보다 더 어렵다는 사실도 알게 된다.

당신 마술이 어디에 속하는지 정하라.

① 픽션(허구) ② 픽션이 덧대진 논픽션(사실에 허구를 덧댄 것) ③ 논픽션인 척하는 픽션(사실인 척하는 허구) ④ 논픽션(사실) 중에서 당신의 마술은 어느 범주 안에 있는지 정하는 것은 매우 중요하다. 이 범주 안에서 당신의 마술 연기와 캐릭터 등이 정해지기 때문이다.

큰 것에서 작은 것으로, 조화롭게.

공연을 만들 때 처음부터 모든 디테일을 100퍼센트 채우려 하지 마라. 가장 보편적인 구성요소에서 시작해 점차 구체적인 부분으로 진행해야 한다. 우선, 공연의 목적과 보여주고 싶은 마술을 쭉 나열해본다. 공연 시간이 1시간이면 1시간 30분을 고려해 리스트업 한 뒤, 불필요한 마술이나 효과가 겹치는 마술을 제거해보자. 그 후 대본을 써보면서 상황에 맞지 않는 마술들을 하나씩 없애면 공연이 좀 더 명확해진다. 이때 전체적인 조화가 제일 중요하다. 애착이 가는 마술이 있더라도 조화로움을 해친다면 바로 없애라. 훌륭한 공연자는 가지치기를 잘하는 사람이다.

다만 클라이맥스는 어떻게 구성할지 먼저 생각하고 작업에 들어가자. 시작은 좋으나 마지막이 별로라면 그 공연은 실패한 공연이다. 시작이 별로여도 마지막 순간에 감탄을 자아내는 공연이 훨씬 임팩트가 크다.

오프닝 화술을 준비하라.

공연을 할 때는 세 가지 질문을 먼저 생각하라. "나는 어떤 사람인가?", "이제 무엇을 할 것인가?", "이 공연을 관객이 왜 봐야 하는가?" 이 세 가지를 적용하면 매우 깨끗하게 공연이 시작될 수 있다.

"안녕하세요. 저는 오늘밤 여러분과 함께할 마술사 ○○○입니다. 저는 오늘 ○○회사의 초대로 여러분을 만나 뵙게 되었습니다(나는 어떤 사람인가). 오늘 저는 여러분에게 잊지 못할 순간들을 만들어드릴 예정입니다(이제 무엇을 할 것인가). 오늘 공연이 끝날 때, 여러분은 얼마나 다양한 마술이 있는지를 알게 될 것이며, 직접 경험할 수 있는 순간들도 있습니다. 여러분의 손에서 마법을 느낄 수 있을 것입니다(이 공연을 관객이 왜 봐야 하는가)."

관객석을 볼 때는 S자로 시선을 움직여라.

관객들은 공연자와 눈이 마주쳤다는 긴장감을 느끼고 싶어 한다. 사실 큰 무대일수록 뒤에 있는 관객, 2층에 있는 관객은 잘 보이지 않는다. 그러니 S자 형태로 관객석을 훑으며 모든 관객과 눈을 마주치도록 노력해야 한다.

학창 시절의 수업 시간을 생각해보자. 가장 무서웠던 선생님은 뒷좌석까지 신경 쓰고 지켜본다는 인상을 주는 선생님이었다. 학생들에게 긴장감을 주기 때문이다. 관객들에게도 눈으로 계속해서 멀리, 넓게 말을 걸자.

제4의 벽

마술이 아닌 다른 예술에서는 '제4의 벽'을 허무는 경우가 드물다. 제4의 벽이란 무대와 객석 사이에 존재하는 가상의 벽을 의미하는데, 이를 깨뜨린다는 것은 의식적으로 무대와 현실 세계의 구분을 허물어버린다는 뜻이다. 영화의 경우 〈살인의 추억〉에서 송강호 배우가 카메라를 정면으로 쳐다보는 마지막 장면이 대표적이다. 이때 관객들은 배우가 자신을 보고 있다는 느낌을 받는다.

연극이나 뮤지컬 등과 달리 마술은 제4의 벽을 부수는 것이 허용되는 무대 예술이다. 마술은 본질적으로 관객과의 소통으로 만들어진다. 그래서 마술사들은 연극이나 뮤지컬의 배우들과 달리 관객과의 소통에 상대적으로 매우 능하다. 반면 독백이나 다른 배우와의 연기 호흡은 어색한 경우가 많다. 따라서 마술사는 거꾸로 제4의 벽이 있다고 생각하면서 연기 연습을 하면 더 효과가 클 것이다.

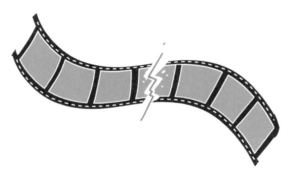

과도한 이야기가 마술을 망치기도 한다.

마술사들은 단순히 트릭을 보여주는 데 그치는 것을 피하기 위해 여러 이야기를 앞뒤로 붙인다. 그 덕분에 마술이 재미있어지거나, 몰입감이 높아지기도 한다. 스페인의 마술사 후안 타마리즈 Juan Tamariz 는 이러한 스토리텔링을 통해 관객들이 기억을 되짚어 트릭을 알아내는 것을 방어할 수 있다고 이야기한다.

그러나 가끔은 과도한 스토리텔링이 마술을 망치기도 한다. 이때 관객들은 신기함을 전혀 전달받지 못하고, 이야기 전달에 급급한 마술사의 모습만 기억하게 되기도 한다. 영국의 마술사 데런 브라운 Derren Brown 은 특히 멘탈 매직 장르에서 이러한 경향이 많이 보인다며, 스토리텔링은 적당한 선을 지켜야 한다고 말한다.

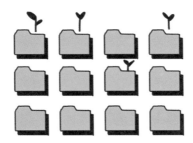

프로 마술사는 다양한 레퍼토리가 있어야 한다.

간혹 프로 마술사들이 다양한 액트를 창조하지 못한 채 클래식한 마술을 아무 생각 없이 따라하는 경우가 많다. 일류 프로 마술사가 되기 위해서는 다음의 레퍼토리들이 있어야 한다.

자신만의 아이디어가 담긴 액트 어떠한 마술사라도 감탄할 수 있는, 자신의 캐릭터가 완전히 녹아 있는, 확실히 선보일 수 있는 액트가 있어야 한다.

행사 액트 기업이나 이벤트에서 선보일 수 있고, 다양한 조건에서 할 수 있는 것이어야 한다. 극장 형태가 아닌 360도 무대 환경에서도 가능한 형태, 대화가 불가능한 곳에서 음악과 함께할 수 있는 형태, 관객이 소수이거나 1만 명 이상이라도 다르게 할 수 있는 형태 등이 있어야 한다. 시간도 15분에서 1시간 정도까지는 보여줄 수 있어야 한다.

유료 공연 1시간, 1시간 30분, 2시간 정도로 나뉜다. 이 세 개를 전부 소화할 수 있으면 톱클래스다. 1시간 공연과 2시간 공연은 하늘과 땅 차이임을 깨닫게 된다.

대회 액트 FISM, IBM, SAM 등 세계적인 마술대회에 출전하기 위해서는 보통 6~10분의 액트를 만들어야 하며, 창조적인 부분과 쇼맨십도 요구된다. 대회는 마술사들의 모임이지만, 그 안에서 새로운 형태나 방향성이 제시된다.

유행하는 소재는 한 번 더 생각하고 말하라.

어떤 것이 아무리 유행한다고 해도 관객 100퍼센트가 알고 있는 것은 아니다. 어떤 개그맨의 유행어가 전국적으로 퍼져도 모두가 TV를 보는 것은 아니기 때문이다. 관객 중 절반만 아는 유행어는 나머지 절반을 웅성거리게 만들거나, 이해하지 못한 관객들이 집중력을 잃도록 만들 수 있다. 종교적이거나 정치적인 유머 또한 매우 조심해야 한다. 반대하는 사람들은 항상 있기 때문이다. 신기함에 집중하는 것이 마술 공연의 목적임을 잊지 말자.

간결함이 더 풍요롭다.

마술을 보여줄 때, 트릭의 과정이 길거나 불필요한 동작들이 들어가면 사람들을 환상으로 이끌지 못한다. "이 카드는 평범한 카드입니다"라고 이야기하기보다는 스윽 보여주는 것이 더 확실하게 각인할 수 있는 방법이다. '평범한'이라고 이야기하는 순간, 관객들의 머릿속에는 '특별한 카드가 있나?'라는 생각이 들기 마련이다. 필요 없는 말을 하지 말아야 한다. 환상으로 가는 길은 정교하게 설계해야 한다. 마술은 간결함을 통해 진정으로 완성된다.

진짜 신기할 때는 박수를 치지 않는다.

박수를 치도록 유도하는 것은 중요하지만, 강요는 하지 마라. 가벼운 목인사나 제스처로 박수와 함성을 유도하는 게 더 고급스럽다. 관객의 박수는 한 마술이 끝나고 다음 마술로 넘어갈 때, 분위기를 전환하거나 고조시키는 용도로 사용하라. 박수는 자연스러워야 한다.

정말 신기한 순간이 왔을 때, 관객은 일종의 '뇌 정지'를 경험한다. 자신의 논리로는 도저히 이해되지 않을 경우 어떤 행동도 할 수 없기 때문이다. 관객이 박수를 치지 못하는 그 순간이 마술사에게는 최고의 순간이다. 관객들이 이러한 순간을 느끼게 해야 한다. 오히려 공연 중에 박수를 못 치는 순간을 만들기 위해 노력하라.

관객이 마술사에게 진정으로 박수를 보내는 것은 트릭이 훌륭해서일 때도 있지만, 마술사가 마술을 사랑하고 노력하는 모습을 엿보았을 때이기도 하다. 당신이 진정으로 마술을 너무 좋아해서 이 일을 하고 있음이 느껴질 때, 관객은 인간으로서 당신에게 관심을 갖는다. "사람들이 가치를 두는 것은 당신이 한 일이 아니라, 그 일을 한 이유이다"(사이먼 시넥Simon Sinek).

기립박수를 받는 법

우선, 이 방법들을 안다고 해서 무조건 기립박수를 받는 것은 아니다. 기본적으로 마술이 훌륭해야 한다. 그것이 첫 번째다. 이 방법들은 관객석에서 좀 더 빠르게 기립박수가 나오도록 만드는 방법에 가깝다.

기립박수는 앞줄이 매우 중요하다. 앞줄이 일어나면 뒷좌석 관객들도 차례로 일어날 확률이 높다. 그러므로 기립박수를 받으려는 타이밍에 앞줄의 관객을 응시하면서 손을 앞줄 관객들에게 뻗고, 무릎을 가볍게 접었다가 일어나는 형태를 취하라. 일종의 미러링인 셈이다. 공연 중에 가장 호응이 좋았던 앞줄의 관객을 유념해두고, 그 관객을 향해 자세를 취하는 것이 가장 좋다.

만약 중간에 있는 관객이 가장 먼저 일어났다면 그 관객에게 두 손을 뻗으며 감사의 목인사를 하라. 이 느낌은 다른 관객들에게 퍼지며, 자신도 마술사로부터 그러한 인사를 받고 싶다는 욕망을 불러일으킬 수 있다. 마술사 빌 멀론은 아주 현명한 방법을 알려주었다. 공연 중간에 관객 한 명이 기립박수를 치는 형태를 유도함으로써 기립박수에 대한 관객들의 부담감을 없애고, 마술쇼도 기립박수를 받을 수 있음을 인지시켰다.

모든 마술은 누적의 결과다.

프랑스 파리의 한 카페에 앉아 있는 피카소에게 그를 알아본 어떤 사람이 말을 걸었다. 비용을 지불할 테니 그림 하나를 그려달라는 것이었다. 피카소는 냅킨 하나를 꺼내 스케치를 한 뒤, 우리 돈으로 수천만 원의 비용을 요구했다. 놀란 상대가 "아니 30초밖에 안 걸렸잖아요?"라고 묻자, 피카소는 이렇게 대답한다. "아니요, 이 그림을 그릴 수 있기까지 40년이 걸렸습니다."

피카소의 유명한 이 일화에는 많은 함의가 담겨 있다. 유명한 마술사들의 결과만을 보고 쉽게 판단하는 마술사들이 많다. 그러나 모든 예술은 '누적'이다. 무대 위의 모습만을 생각하기보다는 보이지 않는 곳에서 노력하는 모습을 떠올리는 훈련이 프로 마술사가 되기 위한 첫걸음이다.

마술사가 실패하는 이유

마술사가 실패하는 것은 두 가지 이유이다. 자신을 과대평가하거나 과소평가하거나. 과소평가는 자신의 능력을 스스로 한계 짓게 해 발전을 가로막을 수 있다.

마술사의 손

많은 사람들이 나에게 묻는다. "손이 작거나 큰 것이 마술을 잘하고 못하고를 결정하나요?" 결론부터 말하자면, 손 크기는 상관없다. 나는 손이 매우 작은 편이다. 손이 작아서 할 수 없는 기술들도 있었지만, 다른 방식으로 대체했다. 엄청난 카드 손 기술을 자랑하는 마술사 리처드 터너Richard Turner는 시각장애인이다. 한 손을 사용하지 못했던 르네 레반드René Lavand 도 최고의 클로스업 마술사로 평가받았다. 마술사는 그야말로 불가능을 가능케 하는 직업이다.

마법을 가장 많이 믿는 사람

20대 때 나는 세상에 초능력이나 마법은 없다고 생각했다. 일본의 국민 마술사 미스터 마릭은 어느 날 내게 세상에 마법이 있다고 생각하는지 물었다. "저는 본 적이 없기에 믿지 않습니다." 내 대답을 예상했다는 듯, 그는 어느 중국인 자매를 내게 소개했다. 그들은 자신들에게 초능력이 있다며, 내게 근처 편의점에서 포스트잇과 볼펜을 산 뒤 아무 데나 가서 숫자를 적어 주머니에 넣어두라고 했다. 자매 중 동생은 내 주머니를 투시하고, 언니는 텔레파시로 받는다고 했다. 나는 그들을 의심하며 멀리 떨어진 편의점으로 가 포스트잇과 볼펜을 샀고, 화장실에 가서 세 자리의 숫자를 적었다. 한 시간 반이 흐른 뒤, 자매 중 언니는 내가 쓴 숫자를 정확히 맞췄다.

내가 충격에 빠져 말을 잇지 못하자 미스터 마릭은 "귀신이 있다고 믿어? 외계인은?"이라고 물었다. 내가 "있다고 생각합니다"라고 답하자 "마술사들 대부분은 마법을 믿지 않지만, 외계인이나 귀신은 있다고 생각해. 똑같이 본 적이 없는데도 그래. 이분들의 능력이 우리가 모르는 마술일 수도 있고, 진짜 초능력일지도 몰라. 그러나 생각해보면, 우리 마술사들이야말로 마법을 가장 믿어야 하는 존재가 아닐까? 스스로 트릭이라고 정의 내리는데 관객들이 우리를 진심으로 믿어줄까? 우리 직업이야말로 세상에 마법이 있다고 믿고 그것을 구현하는 일이라고 생각해." 이후 마술에 대한 내 가치관은 완전히 바뀌었다. 여러분도 이 점에 대해 한번 생각해보시길 바란다.

사석에서 마술을 보여주지 마라.

폴 다니엘스Paul Daniels, 루이스 데 마토스Luis de Matos 등 각국의 유명한 TV 마술사들이 사석에서 마술을 보여줘도 되는지를 주제로 토론을 벌인 적이 있다. 결론부터 이야기하자면 "하면 안 된다"였다. TV 마술사들이 방송에서 만든 완벽한 환상을 사석에서 보여주었을 때, 그 간극 때문에 마술에 대한 환상이 깨질 수 있다는 것이었다. 폴 다니엘스는 어쩔 수 없는 경우라면 딱 하나, 가장 강력한 것을 보여주라고 했다. 나도 여기에는 동의한다. 프로 마술사는 사석에서 마술을 보여주지 않는 것이 좋다. 환상은 완벽한 준비 속에서 보여주어야 유지될 수 있다.

방송국 프로듀서는 훌륭한 마술이 아니라 훌륭한 방송을 원하는 사람이다.

방송국 프로듀서는 마술사가 아니라는 점을 우선 이해해야 한다. 그들은 기본적으로 프로그램에 잘 융화되는 마술을 보여줄 수 있는 마술사를 선택한다. 또한 마술이 훌륭한 것 이상으로 전체 프로그램의 시청률을 높여줄 수 있는 마술사를 선택한다. 함께 자리한 비마술인 출연자들의 반응이 잘 나올 수 있도록 시연하는 마술사가 방송국이 가장 원하는 마술사다.

슬로모션과 캡처에 대처하는 법

쏟아지는 디지털 콘텐츠의 홍수 속에서 일부 마술사들은 변화에 적응하지 못하거나, 예전 시대를 그리워한다. 특히 유튜브는 마술의 방향성을 뒤흔들었다. 트릭이 쉽게 노출되는가 하면, 마술 유튜버 중에서 새로운 스타가 탄생하기도 한다. 마술과 관련된 디지털 콘텐츠의 공통적인 취약점은 '슬로모션'과 '캡처'가 가능하다는 점이다. 과거의 TV 시대에는 일부러 공들여 비디오를 녹화하지 않는 이상 마술을 다시 보기가 어려웠고, 그래서 트릭을 찾아내기가 쉽지 않았다. 하지만 지금은 손쉽게 트릭을 유추하거나 찾아낼 수 있다. 일루전 마술과 스테이지 마술이 쇠퇴하고, 멘탈 매직이 다시 유행하는 것도 이러한 이유에서다. 멘탈 매직은 슬로모션으로 찾아낼 수 없기 때문이다. 마술은 돌고 돈다. 마술가로서 생존하기 위해서라도 마술의 장르를 분리하지 않고 고루 공부해야 한다.

너무 참신하지도, 너무 익숙하지도 않아야 한다.

뇌과학적으로 동물은 새로운 자극을 맞이했을 때 경계하는 반응을 보이는 것이 일반적이다. 새로운 마술 역시 그러한 차원에서 처음에는 본능적인 경계심을 일으킬 수 있다.

편안함과 자극 사이에서 균형을 유지함으로써 관객들을 최초의, 그러나 수용 가능한 범주의 새로운 마술로 끌어들이는 노련함이 필요하다.

다른 것은 매우 쉽지만, 더 나은 것은 매우 어렵다.

— 조너선 아이브 Jonathan Ive

1만 시간의 착각

맬컴 글래드웰Malcolm Gladwell의 '1만 시간의 법칙'은 어느 분야든 1만 시간은 연습하고 노력해야 전문가로서 이름을 알릴 수 있다는 뜻으로 사용된다. 대강 10년의 시간이다. 그러나 이는 정확히 이야기하면, 10년은 해야 전문가로서 겨우 먹고살 수 있을 정도가 된다는 뜻이지 이름을 널리 알릴 수 있다는 뜻은 아니다. 직업 마술사가 되기로 결심했다면 10년은 우선 버텨라. 그리고 다시 시작인 것이다.

프로 마술사로 활동한 지 10년 정도 되었을 때, 김중만 사진작가를 만난 적이 있다. "마술이 무엇인가요?"라는 질문에 자신 있게 대답했는데, "제 생각으로는 10년이 더 지나면 다른 정의를 내릴 수 있지 않을까요?"라는 질문이 돌아왔다. 그때는 마술을 모르는 분이 왜 저런 말씀을 하실까 하는 생각이 내심 들었던 것 같다. 그리고 정확히 10년이 더 지났을 때, 그때의 대답이 얼마나 부끄러운 대답이었는지 깨달았다. 1만 시간은 직업인으로서 기본으로 채워야 할 시간인 것이다.

시대의 변화를 겸허히 받아들이고 적응하라.

유튜브가 서서히 흐름을 타기 시작했을 때, 일부 마술 유튜버들의 마술이 비판을 받았다. 그리고 유튜브에 익숙해진 현세대 미술사들은 틱톡과 릴스 등 숏폼의 마술을 비난하기도 한다. 숏폼은 마술의 기승전결 중에서도 '결'을 곧바로 보여주기에 이전 세대의 미술사들은 이를 마술로 보지 않으려 하는 것이다.

그러나 대중예술은 대중을 기반으로 한다는 사실을 절대 잊으면 안 된다. 보는 사람이 없다면 마술은 존재할 수 없다. 또 플랫폼의 변화는 인간의 사고방식과 생활양식에도 다시 영향을 미치므로 그와 관련된 세대를 잘 분석할 필요가 있다. 변화는 나쁜 것이 아니다. 인간은 계속 진화한다.

English 日本語

Español

외국어를 익혀야 하는 이유

마술 공연은 해외에서 만들어진 문화이다. 서양에서 마술의 역사는 한국과 비교할 수 없을 만큼 압도적으로 오래되었다. 따라서 마술 공부를 하다가 어느 수준 이상이 되면, 원서를 읽거나 영어로 된 강의 영상을 접해야 하므로 이를 위한 어학 능력이 필수적이다. 영어는 기본이고, 제2외국어도 익혀두면 더욱 다양한 지식을 습득할 수 있다. 물론 영어를 잘한다고 무조건 마술을 잘하게 되는 것은 아니다. 마술 자체에 대한 이해가 더 우선이지만, 언어 능력이 당신을 더 높이 날아오르게 만들 부스터가 될 수 있는 것은 확실하다.

아이디어 하나에 목숨 걸지 마라.

자신의 아이디어에 대해 부정적인 말을 들으면 남들이 부족하고 알아보지 못했을 뿐이라고 생각할 수도 있다. 또한 재능이 부정당하는 느낌도 받게 된다. 그 아이디어에 더 매달리면서, 새로운 아이디어로 넘어가지 않고 버티는 경우도 많다.

당신이 정말 창의적인 재능이 있다면, 아이디어는 하나에 머무르지 않는다. 하나의 마술이나 아이디어에만 지나치게 몰두하면 다른 아이디어를 얻을 기회를 놓칠 수 있다. 잠시 접어두고 다른 아이디어를 떠올려보라.

공연을 한 문장으로 설명하라.

공연을 통해 자신이 전하려는 메시지가 두 줄 이상으로 넘어간다면 그것은 좋은 공연이 아니다. 단 한 줄로 명확하게 설명되는 공연이 좋은 공연일 확률이 높다.

최현우의 THE BRAIN - 뇌과학, 심리학을 통해 밝혀지는 마술의 비밀
최현우의 BELIEVE - 마술의 믿음은 어디에서, 어떻게 만들어지는가?

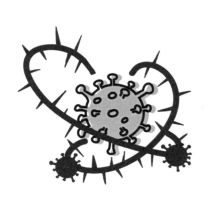

전화위복

코로나 시대에 많은 이들이 고통을 겪었다. 공연하는 사람들은 예외 없이 강제로 실업자가 되었으며, 그 시간들이 빨리 끝나기만을 기다렸다. 하지만 일부 마술사들은 시간을 헛되이 보내지 않고 디지털 콘텐츠를 강화하는 방향으로 선회했고, 소수의 마술사들은 오히려 코로나 이전보다 더 많은 성과를 얻었다. 나 역시 2년 동안 공연을 할 수 없었지만, 유튜브와 틱톡, 줌을 통해 공연하는 등 이전에 시도하지 않았던 디지털 콘텐츠를 만드는 데 많은 힘을 쏟았다.

시간은 누구에게나 똑같이 주어지고 상황이 모두에게 동일하다면, 어떻게 대처하는지에 따라 다른 결과가 만들어진다. 코로나 같은 사태는 또다시 들이닥칠 수 있다. 그러한 상황에서 공연할 수 없다고 한탄만 하기보다는 더 나은 방향을 찾아보자.

마술에 재능이 필요할까?

마술은 재능이 일부 필요하다. 마술사를 직업으로 선택한 사람들은 대부분 주변 사람들로부터 재능 있다는 말을 들으면서 이 길로 들어서는 경우가 많다. 그러나 현실은 혹독하다. 내 경험에 비추어볼 때, 타인과 공감하는 능력이 가장 우선이다. 성공하는 마술사들은 대개 타인의 생각을 잘 읽어내는 사람들이다. 그리고 감이 좋다. 마술을 새롭게 선보여야 할 때, 관객의 예상되는 반응을 잘 계산할 수 있다는 이야기이다. 그 결과가 좋을지 나쁠지 본능적으로 아는 것이 가장 큰 재능이다.

또 하나 요구되는 재능은, 질리지 않는 것이다. 이는 매일 똑같은 일을 하면서도 질리지 않는 재능, 수십 년간 한 분야에 몸을 담으면서도 흥미를 잃지 않는 재능, 같은 주제에 수백 수천 번씩 비슷한 듯 다른 각도로 접근하는 재능이다. 타 분야에 대한 높은 관심 또한 성공하는 마술사의 재능이다. 이것이 결국 열린 마음으로 연결되기 때문이다.

하늘 아래 새로운 것은 없다.

다른 마술사의 아이디어를 훔쳤다고 의혹을 받는 마술사들 중에는 간혹 자신의 아이디어라고 계속 주장하거나, 다른 이의 것을 본 적이 없으니 억울하다고 토로하는 이들도 있다. 그러나 마술은 역사적으로 정말 오래된 직업이다. 공부해야 할 자료와 책도 엄청나게 많다. 자신이 어떠한 아이디어를 떠올렸더라도 이미 누군가의 아이디어일 수 있다. 반드시 확인해보는 습관이 필요하다.

질투는 인간의 자연스러운 감정이다.

마술을 직업으로 삼다 보면 재능의 벽을 느낄 때가 종종 있다. 특히 새로운 것을 창조해내는 마술사들을 보면 인간으로서 당연히 마음 저 너머에서 질투심이 생겨난다. 어린 나이에는 이러한 마음이 절망이나 증오로 바뀌는 경우도 있다. 질투를 어떻게 활용할지는 당신의 마음가짐에 달려 있다. 자신을 믿고 더 열심히 나아가는 원동력으로 삼을지, 누군가를 비난하며 허송세월을 보낼지는 본인의 결정이다. 인생은 짧으면서도 길다. 당신이 부러워하는 그 마술사는 몇 년 뒤에 사라질지도 모른다. 재능만으로 모든 것을 해낼 수는 없기 때문이다. 길고 오래간다는 마음을 가진 사람들이 결국 살아남고 빛을 본다.

공연에 크고 작음은 없다.

예전에 나는 조명 고장으로 공연을 취소할 수밖에 없어서 관객들에게 사과한 적이 있다. 그런데 다음 날, 사과하는 내 모습에 대해 이야기하는 글이 인터넷 커뮤니티에 올라와 화제를 모았고, 신문 사설에도 언급되었다. 알고 보니 글의 작성자는 이전에 소규모 강연장에서 열린 내 강연을 듣고 감명받아 공연을 보러 온 사람이었다.

가끔 공연의 규모에 따라 최선을 다하지 않는 마술사들이 있다. 한 사람이 오는 공연일지라도 최선을 다하라. 인생의 기회는 어떻게 찾아올지 모른다.